Den tredje AI-vågen

Essäer om AI, samhället och individen

Per-Olof Ågren

Förlag: BoD GmbH, Stockholm, Sverige.

Tryck: BoD GmbH, Norderstedt, Tyskland.

ISBN: 978-91-7785-460-9

Omslagsbild: *Landschaft mit Gebirgssee, Morgen* av Caspar David Friedrich (ca 1823).

Innehållsförteckning

Förord

Vi är inne i den tredje vågen av artificiell intelligens. Det kan låta märkligt. Det är väl först nu, på 10-talet, som alla talar om AI?

Den första vågen inleddes redan på 50-talet med Alan Turing som portalfigur. Turingtestet, att utforma tekniska responser som är svåra att skilja från människors responser, är en centralt för den första vågen.

Den andra vågen inleddes på 80-talet med tekniker för taligenkänning, automatisk översättning, mönsterigenkänning och expertsystem.

Den tredje vågen inleddes på 00-talet och möjliggörs främst av en exponentiell kapacitetsutveckling hos datorers hårdvara. Det blir möjligt att bearbeta stora datamängder och skapa adaptiva, det vill säga självlärande algoritmer och neurala nätverk.[1]

I denna essäsamling gör jag ett antal nedslag i AI-landskapet från dels ett samhällsperspektiv, dels ett individperspektiv.

AI-teknikens effekter och påverkan på demokratiska och politiska processer, medial utveckling och behov av förändrad utbildning är exempel på samhällsperspektiv på AI.

Människans relation till AI-teknik i form av en utveckling av förmågan att uppfatta varandra och varandras intelligens samt samarbetsförmåga är exempel på individperspektiv på AI. Och frågan om AI bör återuppliva avlidna människor i form av virtuella jag.

Förhoppningsvis inspirerar boken till ytterligare reflektioner inom dessa och andra samhällsområden där AI kan förväntas göra sitt intåg.

Dessa essäer har under åren 2018-2019 publicerats på Västerbottens-Kurirens kultursida. Jag är tacksam över att kulturredaktör Sara Meidell låter mig pröva essäerna på kultursidan innan de blir till bok.

Umeå, november 2019
Per-Olof Ågren

I algoritmernas tid blir matematiken politisk

För många skolelever har matematikämnet upplevts som hin håles gåva till dem. Abstrakt, logik, formler med siffror och bokstäver. Och vad skulle man med matematiken till? Vore det inte viktigare att läsa samhällskunskap, historia och språk för att både förstå samhällets komplexitet och kunna bli en aktiv medborgare?

Ja och nej, skulle matematikern Cathy O'Neil svara, när jag läser en intervju med henne i *Harvard Business Review*.[2] Hon har alltid uppfattat matematiken som en fristad från verklighetens komplexitet.

Med matematik som verktyg kan olika delar av verkligheten uppfattas tydligare, komplexiteten kan reduceras och världen kan beskrivas ärligare, utan några agendor som färgar tolkningar.

Tesen för denna essä är att i dag och i framtiden gäller det omvända. Med matematikens hjälp, i form av algoritmer som bearbetar stora datamängder, verkar vi skapa en grumligare, mer ogenomskinlig värld som tycks få stora konsekvenser.

Tesen framläggs med stöd av Cathy O'Neils senaste bok *Weapons of Math Destruction*.[3] Om titeln kräver sin förklaring, ger undertiteln en tydlig fingervisning om innehållet: *How Big Data Increases Inequality and Threatens Democracy* (Hur big data ökar ojämlikhet och hotar demokratin).

Bokens studieobjekt, Weapons of Math Destruction, har konnotationer till massförstörelsevapen.

Bokens studieobjekt, weapons of math destruction, har konnotationer till massförstörelsevapen (weapons of mass destruction) som är särskilt ägnade att sprida död och förödelse i stor skala, som exempelvis kärnvapen, kemiska eller biologiska vapen.

Weapons of math destruction, däremot, är algoritmer som för olika syften analyserar stora datamängder och levererar antingen självständiga beslut eller beslutsunderlag. Alla algoritmer är inte destruktiva, utan O'Neil fokuserar sådana som genom sin utformning genererar skadliga konsekvenser för många människor.

De skadliga algoritmerna har tre egenskaper: De är ogenomskinliga, vilket innebär att vi inte vet hur de fungerar eller vilka premisser de utgår

De skadliga algoritmerna har tre egenskaper: De är ogenomskinliga, de är storskaliga och de är skadliga för människor.

från. De är storskaliga, vilket innebär att det inte finns några begränsningar för hur många människor som kan drabbas av dem. Den tredje egenskapen är den självklara: de är skadliga för människor.

Dock inte alla människor, vilket är en av bokens poänger. Vissa gynnas av dessa algoritmiska vapen. Precis som andra massförstörelsevapen.

Cathy O'Neil ger ett flertal intressanta exempel i boken. Automatiska personlighetstester av människor som söker arbete är ett. Syftet med dessa osynliga algoritmer är inte att finna den bäst lämpade för ett jobb, utan att exkludera så många som möjligt.

Konsekvensen, menar O'Neil, blir ofta att de parametrar i algoritmerna som exkluderar sökanden också fungerar diskriminerande. Människor med sjukdomar, funktionsvariationer och kanske lite udda beteenden sorteras med lätthet bort per automatik.

Ett annat exempel visar hur algoritmer kan samarbeta för att förstärka negativa strukturer. O'Neil menar att de matematiska modeller som klassar människor som kriminellt benägna, leder till att dessa oftare får strängare straff om de begår brott. Efter avtjänat straff sorterar de algoritmer som hanterar arbetssökande snabbt bort dessa från arbeten som söks. Och då blir dessa människor än mer benägna att begå brott.

Den i algoritmerna inbyggda profetian uppfylls; således är det inte rättvisa som byggts in. Dessutom visar det sig att det

> Den i algoritmerna inbyggda profetian uppfylls; således är det inte rättvisa som byggts in.

oftare är människor med viss etnisk bakgrund som fastnar i dessa strukturer; således är det inte jämlikhet som byggts in.

Ett ytterligare exempel handlar om matematiska modeller för att bestämma människors kreditvärdighet, vilket alltmer framstår som ett kvalitetsmått på en människa. Allt från bedömning av partners på dejtingsajter till bedömning av arbetssökande använder kreditvärdighet som en betydelsefull parameter.

I algoritmåldern blir det än svårare för redan ekonomiskt utsatta människor att arbeta sig ur ekonomiska problem, eftersom betalningsanmärkningar och andra kreditparametrar utgör ett hinder för att få arbete. En veritabel fattigdomsfälla, förklädd till neutrala matematiska modeller.

Utöver fria val finns det ett antal hörnstenar i en demokrati: tryckfrihet, åsiktsfrihet, föreningsfrihet och liknande friheter. Men även jämlikhet i form av att medborgare ges lika förutsättningar och inte diskrimineras på grund av kön, etnicitet, sexuell läggning och övriga diskrimineringsgrunder. Samt rättvisa: att juridiska bedömningar är neutrala i förhållande till etnisk härkomst och socio-ekonomisk bakgrund.

De framväxande problem Cathy O'Neil ger exempel på är inte rimliga i en demokrati. Vad kan vi göra? O'Neil har ett förslag: Att avkräva att varje person som arbetar med algoritmkonstruktion svär en sorts hippokratisk ed, likt den Hippokrates formulerade för läkarskrået för ca 2 500 år sedan.

I allt väsentligt: Skapa aldrig weapons of math destruction, utan gör algoritmer som uppfyller grundläggande värden i en demokrati, och låt demokratiska värden vara överordnade ekonomiska i de fall konflikter uppstår.

Cathy O'Neil sätter fingret på något ytterst centralt. På senare tid vi sett ett stort fokus på problem med faktaresistens, på krav på evidensbaserad politik, på behovet av faktabaserade beslut. Detta fokus är så starkt att vi riskerar förstå beslutsfattande som enbart beroende av de korrekta fakta som datorer kan leverera.

Vi bör påminna oss om att förmågan att fatta rättvisa beslut har två ben. I dag ser vi en övervikt åt episteme; den formella kunskapen, vetandet, våra obestridliga fakta.

Det andra benet är emellertid minst lika viktigt för att kunna fatta rättvisa beslut: fronesis; omdömesförmågan. Det är den förmåga som innefattar att kunna göra kritiska bedömningar och att förstå konsekvenserna av olika beslut.

Kan vi bygga in fronesis i algoritmerna? Kan algoritmer vara omdömesgilla? Kan algoritmer kritiskt bedöma konsekvenser av handlingar och beslut? Eller är det förmågor som är enbart människor förunnade?

> *Kan vi bygga in fronesis i algoritmerna? Kan algoritmer vara omdömesgilla?*

Överlever demokratin internet?

Många talar om de där botarna som sprider propaganda, rasism och allehanda lögnaktiga påståenden, men hur ser de ut? Går det att särskilja en automatiskt genererad användare som sprider politiska lögner på Twitter från en människa som gör samma sak? Det är inte nödvändigtvis enkelt. Nyligen fick jag emellertid syn på ett antal twittrare som spred exakt samma budskap och stavfel: "Rasism utgår från maktövertag, det är vara [sic!] vita som kan vara rasister. Samma med våldtäkt, en svart kan aldrig våldta." Alla dessa twittrare uppvisade olika profilbild med en gemensam nämnare: Alla var unga kvinnor och hade svenska, kvinnliga namn.

I ett blogginlägg undersökte journalisten Jack Werner lite noggrannare dessa 22 twittrare och fann även att profilbilderna utgjordes av flera delar från andra bilder som sammanfogats till enskilda bilder. Han fann även att alla dessa twitterkonton hade registrerats inom ett par dagar och den tweet jag citerade ovan publicerades av dessa 22 konton närmast samtidigt.[4]

Tidigare myntades begreppet trollfabrik och avsåg avlönade människor som spred propaganda i sociala medier för en regims räkning. I dag talar vi om automatiska botar som sprider propaganda.

Frågan är vilken effekt automatiska botar får i politiska processer. Hur påverkas människor av botarnas twittrande? Vad betyder denna utveckling för demokratin?

> Frågan är vilken effekt automatiska botar får i politiska processer. Vad betyder denna utveckling för demokratin?

Nu publiceras studier av hur användning av sociala medier – av såväl människor som botar – påverkar politik, politiska val och ytterst demokratin.

En kvartett forskare vid Indiana University i USA har analyserat vilken spridning falska nyheter får, när spridningen sker från sociala botar på Twitter.[5] En social bot är en programvara som kan formulera och skicka meddelanden på Twitter och även kommunicera med andra twittrare, både botar och människor.

Med falska nyheter avser de osanna inlägg, konspirationsteorier, fabricerade rapporter och liknande. De har analyserat 14 miljoner meddelanden under 2016 års presidentvalskampanj i USA med hjälp av egentillverkade datorprogram för att detektera meddelande från sociala botar.

Ett av de mest intressanta resultaten av denna studie är att falska nyheter som sprids av sociala botar blir virala främst därför att dessa nyheter sprids vidare av människor. Med andra ord, vanliga användare har svårt att uppfatta om en twittrare är en bot eller en människa – om ett meddelande sammanfaller med eller förstärker människors åsikter, sprider de gladeligen meddelandet vidare.

De sociala botarna förstärker dessutom trovärdigheten i sina meddelanden genom att på olika sätt referera till eller tagga faktiska, inflytelserika människor, så att det än mer döljer att boten är en bot. Och därmed ökar chansen – eller snarare risken – att människor sprider botarnas falska nyheter i större utsträckning.

Det, menar denna kvartett forskare, tyder på att sociala botar rätt enkelt kan påverka och manipulera ett stort antal människor.

Det är inte nödvändigtvis sociala botar som avgör om sociala medier som exempelvis Twitter kan användas för att uppnå politiskt strategiska mål. Gunn Enli är norsk professor i medievetenskap och forskar om politisk kommunikation och sociala medier.

I en vetenskaplig artikel visar Enli den skarpa skiljelinjen mellan Hillary Clinton och Donald Trump med avseende på hur deras respektive valkampanjer använde Twitter för politisk kommunikation.[6]

Clinton och hennes stab använde Twitter på ett professionellt sätt, menar Enli, vilket innebär att strategin utgick från kända teorier om hur politisk kommunikation bör bedrivas i valkampanjer i liberala demokratier.

Trump och hans stab arbetade för en avprofessionalisering av den politiska kommunikationen. Enli menar att Trumps strategi bäst betecknas som amatörism, men

Med avseende på agendasättning, tweetspridning och citeringseffektivitet vann Trump kampen om de sociala medierna i valrörelsen.

inte en amatörism som härrör från okunskap eller inkompetens, utan en strategisk amatörism.

Clinton var den kontrollerade politikern, Trump den autentiske outsidern. Med avseende på agendasättning, tweetspridning och citeringseffektivitet vann Trump kampen om de sociala medierna i valrörelsen.

Clinton gjorde allt rätt. Trump gjorde allt fel. Därför vann Trump.

I internets barndom tänkte sig många optimister och utopister att internet skulle bli den perfekta arenan, det perfekta verktyget för att utveckla demokratin.

> Har inte demokratin tillräcklig motståndskraft att inte påverkas av sociala medier?

Särskilt den deliberativa demokratin, även benämnt deltagardemokrati, ansågs ha störst potential att utvecklas. Med ökad horisontell och vertikal kommunikation skulle medborgarnas deltagande stärkas och politikers relationer till medborgarna förbättras.

I dag frågar vi oss snarare om demokratin kan överleva internet. Det frågar sig Nathaniel Persily, juridikprofessor vid Stanford i en artikel i tidskriften *Journal of Democracy*. Är frågan överdriven? Har inte demokratin tillräcklig motståndskraft att inte påverkas av sociala medier?[7]

Persily oroas också av hur sociala botar sprider falska nyheter så att de får stor spridning, men minst lika mycket av hur psykografisk profilering medger riktad propaganda till en omsorgsfullt utvald målgrupp.

Det är dock inte propaganda med politiska budskap vi främst ska vara vaksamma på för demokratins överlevnad, utan sådana budskap som medvetet avser att motverka medborgarnas vilja att överhuvudtaget rösta i demokratiska val.

Nyhetssajten *Bloomberg* beskriver hur Brad Parscale, Trumps främste strateg för sociala medier, samt övriga kampanjmedarbetare manipulerade valrörelsen. Särskilt bestickande är det när Trumps kampanjarbetare plötsligt väljer en ny strategi under valrörelsen: I stället för att påverka fler människor att rösta på Trump, inleder de en motsatt strategi.[8]

Strategin är att med offensiv användning av sociala medier påverka människor att inte alls rösta – särskilt människor som de anar sympatiserar med motståndarkandidaten: vita liberaler, unga kvinnor och afro-amerikaner.

Frågan är därmed berättigad: Överlever demokratin den användning av internet och sociala medier som initierades i den amerikanska valrörelsen 2016?

Flytande intelligens och intelligenta maskiner

Nyligen publicerades en studie av James Flynn och Michael Shayer i tidskriften Intelligence, där de visar att intelligenskvoten (IQ) sjunker i de nordiska länderna.[9] Det är ett trendbrott. Några orsaker till denna nedgång formuleras inte, även om debattörer gärna pekar på problem i skolans undervisning och på ökad migration som tänkbara förklaringar till nedgången.

Samtidigt har idén om IQ som det allenarådande måttet på intelligens ifrågasatts från många håll. Daniel Goleman skrev redan 1995 boken *Känslans intelligens*, och banade med den vägen mot en diskussion om begreppet EQ: emotionell intelligens.[10] I dess kölvatten har andra intelligensbegrepp formulerats: Holistisk intelligens (HQ), social intelligens (SQ).

Psykologen Howard Gardner blev känd för att formulera nio olika intelligenstyper: Logisk-matematisk, lingvistisk, spatial/visuell, musikalisk, kroppslig, social, självkännedom, existentiell samt naturintelligens.[11]

Kvaliteten med det traditionella IQ-begreppet är att det under lång tid har utvecklats mätmetoder. Och omvänt, kritiken mot de andra intelligenstyperna är att de är svårare att mäta. Och i en kultur där mätning och jämförelse är det högsta, befäster naturligtvis det som lättast låter sig mätas sin ställning.

Trots detta vill jag försöka diskutera ytterligare former av intelligens. Tesen för denna essä är att vi behöver inleda en diskussion kring vilken slags intelligens, vilka kunskaper och förmågor, vi behöver för att kunna skapa ett kvalificerat samarbete mellan människor och intelligenta maskiner i framtiden.

Människor och maskiner måste bli bättre på att arbeta tillsammans.

I deras nya bok *Machine, Platform, Crowd* argumenterar Andrew McAfee och Erik Brynjolfsson för att människor och maskiner måste bli bättre på att arbeta tillsammans.[12]

I takt med att datorer kan hantera allt större datamängder, att datorers artificiella intelligens ökar med allt mer kvalificerade algoritmer och att datorer i allt högre grad blir självlärande, måste människors kapaciteter anpassas till denna tekniska förändring.

Det optimala är inte intelligenta maskiner som gör vårt jobb, eller att vi fortsätter utföra uppgifter som maskiner kan utföra bättre – det optimala är att skapa det goda samarbetet mellan människa och maskin.

Brynjolfsson och McAfee menar att människans främsta förmågor fortfarande överträffar datorers: intuition, kreativitet, omdömesförmåga och, vill jag tillägga, förmågan att formulera värdebaserade mål för olika verksamheter.

I boken *Liv 3.0* närmast postulerar den svenske fysikern Max Tegmark att maskiner inte kan ha några mål med vad helst de gör. Vi kan däremot alltid implementera mål i maskiner som de ska uppnå, men maskiner kan inte själva avgöra vilka mål som är goda eller lämpliga.[13]

I sin framtidsdiskussion skiljer emellertid Tegmark mellan "vänlig AI" och "superintelligent AI". Med "vänlig AI" menar han att vi konstruerar maskiner vars målinriktade handlande är helt anpassat till människors mål. Med "superintelligent

AI" avses maskiner med potentiell kapacitet att formulera egna mål och därmed kontrollera människan.

Från att under lång tid uppfattat vår relation till datorer som fast, där datorer är kontrollerbara verktyg, är det inte otänkbart att vår relation till datorer blir allt mer flytande.

Begreppet flytande är helt i sociologen Zygmunt Baumans anda. Bauman var en synnerligen produktiv sociolog som gick bort 2017. Under slutet av 1900-talet utforskade han samhället genom

> *Från att under lång tid uppfattat vår relation till datorer som fast, är det inte otänkbart att vår relation till datorer blir allt mer flytande.*

postmodernismens glasögon. Under 2000-talet kastade han ut det postmoderna och ersatte det med begreppet flytande, för att förstå det nya milleniets samhällsutveckling.

Han inledde med boken *Liquid Modernity*, där han menar att ett flytande samhälle karakteriseras av avregleringar och privatiseringar, av att allt som tidigare föreföll fast i givna strukturer nu flyter i en värld av kommersiella aktörer på en konkurrensutsatt marknad.[14]

Därmed, menade han i boken *Liquid Life*, blir ett flytande liv i ett flytande samhälle allt mer osäkert och oförutsägbart. Förmågor i dag kan vara oförmågor i morgon. Erfarenheter har ett bäst-före-datum, även om det inte går att förutsäga detta datum.[15]

Privatlivet smittas, skriver han i *Liquid Love*, av den ständiga rörelsen, genom att kärleksförhållanden får allt svagare band; svagare förpliktelser, svagare löften. Kärleken flyter så lätt i väg, när dess båtshakar inte har något fast att kroka i.[16]

Med ett sista exempel har Bauman även tagit den flytande metaforen till människans inre psykologi. I boken *Liquid Fear* pekar han på de rädslor som människor upplever i ett flytande samhälle, där trygghetsskapande element försvinner eller luckras upp. Organisering, rutinmässighet och förutsägbarhet är sådana element. Flytande rädsla är rädslan för de faror som inte kan förutses eller kalkyleras eller ens uppfattas.[17]

> *Redan på 1960-talet formulerade Raymond Cattell två intelligenstyper: kristalliserad och flytande intelligens.*

För att bli skicklig på att utföra uppgifter i samarbete med intelligenta maskiner föreslår jag att vi tar upp tråden kring flytande intelligens. Redan på 1960-talet formulerade Raymond Cattell två intelligenstyper: kristalliserad och flytande intelligens.[18]

Med kristalliserad intelligens avsågs förmågan att använda tidigare förvärvad kunskap och erfarenhet för att lösa problem. Med flytande intelligens avsåg Cattell förmågan att förstå uppkomna situationer oberoende av tidigare kunskap och erfarenhet samt att kunna lösa problem i sådana situationer.

I ett samhälle där allt mer flyter, och där maskiners intelligens utvecklas i högt tempo, skulle en flytande intelligens kunna bli mer önskvärd. I en tillvaro där vi allt mer kan lämna informationslagring och -bearbetning samt logisk slutledning till maskiner, bör vårt bidrag vara något annat.

Kan vårt bidrag vara förmågan att skapa nya former av samarbeten med intelligenta maskiner, med samarbetsformer som vi inte tidigare har känt till?

Bör vi i så fall försöka utveckla människors flytande intelligens?

Djupa förfalskningar är större hot än falska nyheter

Valåret 2018 har inletts. Det märks inte främst på en ökad mängd politiska utspel än så länge, utan på att samhället försöker förbereda sig på olika hotbilder mot valet. På SVT:s nyhetssajt listas de fyra främsta hoten mot valet 2018.[19]

Ett hot är påverkan från främmande makt. Med erfarenheter från val i andra länder kan det inte uteslutas att någon främmande makt försöker påverka valet i något avseende.

Ett annat är hot mot politiker. Ju mer polariserad den politiska debatten blir, desto mer ökar risken för hot och våld mot politiker.

Ett tredje är extrema politiska rörelser, såväl till höger som till vänster, som i sina extremaste uttryck kan utgöra brottslighet.

Det fjärde är falska nyheter i sociala medier, där en väsentlig anledning till att skapa och sprida

falska nyheter är att förstärka politiska motsätt-
ningar som i sin tur försvagar demokratin.

För att motverka det fjärde hotet – spridning
av falska nyheter – har fyra stora medieaktörer gått
samman för ett samarbete mot spridning av falska
nyheter. Det är initialt Dagens Nyheter Svenska
Dagbladet, Sveriges Radio och Sveriges Television
som kommer att arbeta enligt gemensamma prin-
ciper för att faktagranska påståenden i sociala me-
dier och presentera materialet på en gemensam
webbplats.[20]

Fler medieaktörer är välkomna under förut-
sättning att de arbetar efter samma riktlinjer. Pro-
jektet understöds ekonomiskt till viss del av Vin-
nova, Sveriges innovationsmyndighet, som ger
ekonomiska bidrag till innovations- och forsk-
ningsprojekt.

Denna essä berör
detta fjärde hot. I vil-
ken utsträckning före-
kommer falska ny-
heter? Vilken sprid-
ning får de? Vilken
påverkan har falska

> *I vilken utsträckning före-*
> *kommer falska nyheter?*
> *Vilken spridning får de?*
> *Vilken påverkan har falska*
> *nyheter på människor?*

nyheter på människor? Alldeles nyligen har stu-
dier publicerats kring förekomsten av falska ny-

heter dels i anslutning till presidentvalet i USA 2016, dels i några europeiska länder.

Tre amerikanska statsvetare publicerade i januari 2018 en studie som ger en första bild av konsumtionen av falska nyheter i samband med presidentvalet i USA 2016. De analyserade ett representativt urval om 2 525 anonyma amerikaners trafikdata på webben.[21]

Forskarna uppskattar att ungefär 25 procent av amerikanerna besökte någon gång en webbplats som publicerar falska nyheter. Dock var en majoritet av dessa webbplatser förespråkare för Donald Trump och följaktligen var webbplatsernas besökare främst Trumpanhängare. 60 procent av alla besök på webbplatser med falska nyheter gjordes av de 10 procent amerikaner med den "mest konservativa informationsdieten", som forskarna uttrycker det. Räckvidden är således inte särskilt stor för falska nyheter.

Studien visar också att äldre amerikaner, över 60 år, var betydligt mer benägna att besöka webbplatser med falska nyheter, än yngre amerikaner. I rapporten slås också fast den stora betydelse Facebook har för att rikta amerikaners uppmärksamhet till falska nyheter.

Forskarna har enbart studerat falska nyheter som publiceras på webbplatser. Ytterligare studier kommer med största sannolikhet även att göras på andra sociala medier. Där tänker jag främst på Twitter, där möjligheten att skapa så kallade botar som automatiskt kan sprida desinformation är stor.

En liknande studie som den ovanstående har gjorts i Europa, av fyra medieforskare vid Oxford universitet. I denna studie mäts vilken räckvidd falska nyheter har i Frankrike och Italien. 300 webbplatser som publicerar falska nyheter har jämförts med stora nyhetswebbar såsom *Le Figaro* i Frankrike och *La Repubblica* i Italien.[22]

Under 2017 besöktes ingen av webbplatserna med falska nyheter i genomsnitt av mer än en procent per månad av den uppkopplade befolkningen i såväl Frankrike som Italien. Det ska jämföras med *Le Fig*aro, som i genomsnitt per månad når 22,3 procent, respektive *La Repubblica*, som når 50,9 procent av den uppkopplade befolkningen.

Forskarna mätte även hur lång tid besökare uppehöll sig på de olika webbplatserna. De mest populära webbplatserna för falska nyheter i Italien besöktes i genomsnitt under 7,5 miljoner minuter per månad och i Frankrike var motsvarande siffra 10 miljoner minuter.

Även här jämför forskarna dessa mått med den tid besökare uppehåller sig vid etablerade nyhetswebbar. På *Le Mondes* webbplats spenderade användare i genomsnitt 178 miljoner minuter per månad och motsvarande siffra för *La Repubblica* var 443 miljoner minuter.

Vad dessa två studier sammantaget visar är att det finns många webbplatser som sprider falska nyheter i USA och i Europa, men att falska nyheter har låg spridning och dessutom till en liten del av befolkningen.

Det finns många webbplatser som sprider falska nyheter i USA och i Europa, men falska nyheter har låg spridning.

Det är naturligtvis intressanta resultat. Vad studierna inte säger något om, däremot, är utvecklingen över tid. Minskar eller ökar falska nyheter i omfattning? Minskar eller ökar andelen människor som tar del av falska nyheter? Och framför allt: Övertygas de människor som tar del av falska nyheter om att de är korrekta?

Vi bör inte låta dessa studier invagga oss falsk säkerhet. De som formulerar och sprider falska nyheter utvecklar med största sannolikhet sin kompetens att göra detta.

Ett hot mot demokratin som hittills inte talats så mycket om, förrän *Computer Sweden* nyligen skrev om det, är deep fake. Det kan översättas med djupa förfalskningar. Någon har lyckats skapa ett självlärande AI-program som kan byta ut en person mot en annan i ett filmklipp med bra resultat.[23]

Programmet behöver 500-1 000 olika bilder på en person i olika vinklar för att programmet ska kunna byta ut denne person mot en annan person i ett filmklipp, så att det ser ut som den falske personen uttrycker det den utbytte personen säger.

Snart kan vi alltså se en politiker göra falska påståenden utan att vi enkelt kan se att politikern ersatt en annan person och dennes uttalanden.

Kombinationen av deep fake och falska nyheter ter sig mer skrämmande än enbart falska nyheter, eftersom här läggs till en retorisk styrka i form av en till synes autentisk person som hävdar osanningar.

Deep fake utmanar de medieaktörer som arbetar för att motverka falska nyheter ytterligare.

Karaktären gör AI-tekniken genomskinlig

Det har skrivits spaltmil om vad som hände i relationen mellan Facebook och Cambridge Analytica. Denna essä ska inte öka dessa textmassor, utan lyfta en generell fråga ur dessa spaltmil och försöka förstå hur vi bör hantera den i en nära framtid. Redan på 1990-talet började vi ställa frågan hur vi bör utvidga vår förståelse för datorn som teknisk artefakt. Det räckte inte att inte enbart förstå datorns generella tekniska funktionalitet, det vill säga hur datorn löser sina problem. Inte heller att enbart förstå hur olika programvaror fungerar, det vill säga hur datorn kan lösa mina problem.

Man frågade sig bland annat hur olika datorsimuleringar fungerade; hur olika manipulerbara modeller byggdes för att simulera olika planeringsprocesser, designprocesser, ekonomiska processer och liknande.

Det talades om en simuleringskultur, där det var av största vikt att kunna "läsa" simuleringar. Med det avsågs att förstå vilka antaganden och värderingar som fanns inbyggda i olika manipulerbara modeller, som användes som beslutsunderlag i olika verksamheter.

På en generell nivå lyfts samma fråga i affären Facebook vs Cambridge Analytica. Inte enbart Facebook, utan alla sociala och andra medieaktörer som agerar på internet måste öka sin transparens; visa med större genomskinlighet vilka personuppgifter som samlas in, lagras och används av dem själva eller av någon annan aktör.

Det är lätt att skapa transparens för ett statiskt innehåll eller för statiska processer. Inom en snar framtid kommer emellertid allt fler tekniska system att vara självlärande och adaptiva. Vi har sett dessa tendenser en tid; Google, Facebook, Netflix med flera går i bräschen för att deras algoritmer hela tiden ska anpassa sig efter den enskilde användarens beteende.

Googles sökresultat anpassas efter användarens sökbeteende, Facebooks annonser utformas utifrån användarens intressen, Netflix filmtips utgår från tittarens tidigare konsumtion. Allt fler tekniska system bygger in adaptiva förmågor.

Om det vi vill kunna se i transparenta tekniska system som är i ständig förändring, i det att systemens omgivning förändrar systemens beteende, måste vi skapa en ny föreställning om hur vi uppnår transparens.

Frågan för denna essä är hur vi ska designa transparens i AI-baserad, självlärande teknik när tekniken hela tiden anpassar sina algoritmer och därmed sitt beteende utifrån den omgivning tekniken verkar inom.

> Om det vi vill kunna se i transparenta tekniska system som är i ständig förändring, måste vi skapa en ny föreställning om hur vi uppnår transparens.

Varför är transparens viktig? Det främsta syftet med transparens är att skapa förutsebarhet; att uppfatta både hur teknik kommer att agera i olika situationer och vilka konsekvenser våra interaktioner med teknik får.

Jag föreslår att använda begreppen roll och karaktär för att förstå transparens. Tidigare har vi uppnått transparens genom att ge tydliga roller till olika programvaror. Vi vet vad vi kan förvänta oss av ordbehandlingsprogram, kalkylprogram, mejlprogram, webbläsare och liknande.

Om vi vill uppnå transparens till adaptiva, självlärande tekniska system, kan vi överväga att utveckla dessa systems karaktär, eftersom rollerna är stadda i förändring.

Socialpsykologen Johan Asplund har rett ut begreppen roll och karaktär för oss människor i boken *Det sociala livets elementära former*. Med begreppet roll avses att krav, riktlinjer och förutsättningarna för en människas agerande är givna; skrivna av någon annan med syftet att vara stabila över tid. Den som agerar i en viss roll är därmed förutsebar.[24]

Med karaktär avses att människan själv utformar och bestämmer restriktionerna för sitt handlande utifrån såväl sitt omdöme, som de situationer människan kastas ut i.

Vad vi ser med framtidens självlärande AI-system är att de ges utrymme att inte enbart agera utifrån det manus som någon har skrivit (läs: programkod), utan att dessa AI-system också i högre grad får bestämma sina egna restriktioner för sitt handlande (läs: skapa ny programkod).

Det innebär, med Johan Asplunds begrepp, att AI-system successivt går från att vara en abstrakt teknik som agerar helt instrumentellt, till att bli en konkret aktör som själv ges utrymme att forma sitt agerande.

Vi kan reflektera över hur vi förutser en människas handlingar. Ta läraryrket som exempel. Alla lärare har självfallet en roll som de måste agera inom; de regler och restriktioner som är föreskrivna av skollagar, läroplaner och lokala föreskrifter.

Om alla lärare enbart skulle agera som rollinnehavare, skulle alla lärare vara lika varandra. Så är inte fallet. Lärare vi haft och lärare vi känner, är alla olika, trots att de agerar inom likartade roller. Olikheter består i att de har utvecklat sina karaktärer på olika sätt.

Studenter som läser en kurs med en viss lärare kan med största sannolikhet förutse olika handlingar som inte beror på de regelverk läraren är skyldig att efterleva, utan som beror på de karaktärsdrag läraren har utvecklat. Det är i högre grad lärarens karaktär som gör denne transparent än den rollbeskrivning läraren har att följa.

Vill vi ha förutsebara AI-system i framtiden, kan karaktärsutveckling vara en fruktbar designinriktning.

Vill vi ha förutsebara AI-system i framtiden, kan karaktärsutveckling vara en fruktbar designinriktning. Det är i karaktärsdragen adaptiva AI-system blir förutsebara.

Alan Turing framlade de idémässiga grunderna för artificiell intelligens. Med det så kallade Turingtestet skulle man kunna avgöra om man lyckats skapa artificiell intelligens. Om man interagerar med en maskin och inte kan uppfatta om det är en maskin eller en människa har maskinen mänsklig, artificiell intelligens. Artificiell intelligens har alltid uppfattats som mänskligt efterliknad intelligens.

> *Ett helt annat tankespår skulle vara att skapa maskinintelligens som inte har mänsklig intelligens eller mänskligt beteende som förebild.*

Ett helt annat tankespår skulle vara att skapa maskinintelligens som inte har mänsklig intelligens eller mänskligt beteende som förebild. Men då måste vi skapa ett helt annat sätt att se igenom maskinerna.

En fördel med att efterlikna mänsklig intelligens och beteende är igenkänning; vi vet mycket om människans intelligens och beteende. Om maskinintelligens utan mänsklig förlaga vet vi inte mycket.

När AI-tekniken knackar på demokratins dörr

Demokrati är ett tillstånd vi aldrig når, utan något vi ständigt strävar mot. Det är därför så många uttrycker att demokratin ständigt måste erövras. "Det har sagts att demokrati är den sämsta styrelseformen som har prövats, bortsett från alla de övriga formerna som prövats genom tiderna", är ett klassiskt citat från Winston Churchill i ett tal i underhuset 1947.

Vad citatet säger är att i takt med samhällets ständiga förändring och människans kunskapsutveckling, måste också våra demokratiska former ständigt diskuteras och utvecklas.

I internets barndom ställde sig många libertarianer på barrikaderna och ropade på direktdemokrati. Om varje medborgare har tillgång till internet, kan alla politiska spörsmål bli föremål för medborgares omröstningar. Politiker skulle bli förvaltare av medborgares beslut.

I ett något mognare stadium i internets utveckling började man diskutera deliberativ demokrati; en uppfattning om demokrati som utgår från att medborgare deltar i diskussioner kring politiska frågor. Här betonades samtalets och argumentens betydelse för demokratiska beslut, där internets mångfald av platser för samtal skulle kunna realisera denna demokratimodell.

Bägge demokratimodellerna söker förbättringar till den rådande representativa demokratin, som ofta beskylls för att bli allt mer expertstyrd och för att ge medborgarna alltför litet inflytande: endast en röst var fjärde år.

Problemen med direktdemokrati är emellertid att många frågor som medborgarna ska rösta om är alltför komplexa för att en genomsnittlig medborgare ska hinna sätta sig in i vid sidan av heltidsarbete och familjeliv. Dessutom försvåras ansvarstagandet; medborgarna kan inte ställas till ansvar för sina beslut, vilket politiker i en representativ demokrati kan.

Problemen med den deliberativa demokratimodellen är att samtalen i de sociala medier som har växt fram inte har de kvaliteter som denna demokratimodell förutsätter. Det är ständigt medvetna missförstånd och yrkestroll på Twitter. Det är homogena intressegrupper på Facebook som inte tillåter meningsutbyten. Och på

> *Det är lätt att landa i slutsatsen att informationsteknik inte kan bidra till demokratisk utveckling.*

de mer anonyma forumen som Flashback och Reddit frodas rasism och konspirationsteorier.

Det är lätt att landa i slutsatsen att informationsteknik inte kan bidra till demokratisk utveckling. Men samtidigt som tekniken förnyas, förnyas även idéer om hur tekniken kan bidra till demokrati.

Cesar Hidalgo leder en forskargrupp som arbetar med kollektivt lärande och komplexitet vid MIT Media Lab. Han vill finna former för att använda IT för att utveckla demokratin bortom den representativa demokratin. I tidskriften *Fast Company* sammanfattas hans idé. "Demokrati har ett uselt användargränssnitt", hävdar Hidalgo. Hans utgångspunkt är de demokratiska församlingarnas låga valdeltagande.[25]

För presidentval i USA brukar valdeltagande vara runt 60 procent. Valdeltagandet i det senaste EU-valet var drygt 42 procent. Vid det senaste presidentvalet i Frankrike var valdeltagandet 48 procent. Sverige sticker ut, där närmare 86 procent av de röstberättigade röstade i senaste riksdagsvalet.

Ett lågt valdeltagande är ett problem för den representativa demokratin i det att politiker representerar

> "Demokrati har ett uselt användargränssnitt", hävdar Hidalgo.

allt färre människor. I förlängningen riskerar vi att förtroendet för demokratin eroderar.

Den erosionen har redan börjat. En undersökning som svenska studieförbunds branschorganisation gjorde 2017 visar att nästan varannan person i Sverige mellan 18 och 29 år föredrar att landet styrs av experter än av folkvalda politiker.[26]

Liksom många andra IT-forskare fokuserar Hidalgo på AI-teknikens snabba utveckling. Självlärande, adaptiva algoritmer har under de senaste åren blivit allt mer kapabla att känna igen människors beteenden och identifiera våra preferenser. Tekniken blir dessutom allt bättre på prediktion, det vill säga att förutse händelser och handlingar.

Därför, menar Hidalgo, borde varje medborgare ha en egen digital agent som samlar all data om medborgaren utifrån dennes förehavandet på sociala medier, sökmotorer, webben, eposten, ja, all internetanvändning.

Denna digitala agent skulle med tiden bli utomordentligt skicklig på att förutse vad den enskilde medborgaren har för åsikt eller preferens när det gäller ett visst politiskt förslag, utan att medborgaren själv tvingas komma underfund om sin uppfattning. Medborgaren behöver enbart förmedla agentens uppfattning dit den efterfrågas.

Sådana digitala agenter kan användas dels för direktdemokratiska syften, i form av röster i beslut, dels för politiska representanter för att förstå folkviljan i olika frågor.

Kvaliteten hos dylika digitala agenter som känner medborgaren bättre än medborgaren själv, är att dessa agenter inte reagerar känslomässigt, lynnigt eller impulsivt, såsom människor ofta kan göra.

> *Det skulle inte vara meningsfullt för trollbotar att invadera Twitter med falska nyheter i syfte att påverka ett lands medborgare inför ett val.*

Hidalgos idé om digitala agenter skulle även motverka några av dagens demokratiska problem. Det skulle inte vara meningsfullt för trollbotar att invadera Twitter med falska nyheter i syfte att påverka ett lands medborgare inför ett val. De digitala agenterna skulle inte på kort sikt påverkas av dylika aktiviteter.

Inte heller skulle företag som Cambridge Analytica finna det rimligt att samla in en mängd persondata från Facebook och andra sociala medier för att rikta politisk information eller desinformation till medborgarna. De digitala agenterna motstår sådant.

Problem finns förstås. Det största stavas säkerhet. Kan sådana virtuella agenter hackas och planteras med falsk persondata som förändrar medborgarens politiska preferenser?

Ett annat problem handlar om ansvar. Även om agenterna inte levererar direktdemokratiska beslutsröster, kommer det att upplevas lätt för medborgare att inte känna sig ansvariga eller delaktiga i samhällsutvecklingen. Det var ju den virtuella agenten som röstade eller uttryckte en politisk uppfattning, inte medborgaren, även om det var medborgarens egen agent.

Dessa och andra fördelar och nackdelar torde vi behöva överväga när AI-tekniken på allvar knackar på den demokratiska dörren.

Vad kontrolleras i smarta hem?

Allt fler tekniska apparater i hemmen blir allt smartare, i betydelsen att de förses med datorkraft och uppkoppling till internet. Smarta termostater som kan regleras med en app i mobiltelefonen, kameror såväl inne som ute, sensorer som mäter olika saker, kylskåp, kaffemaskiner, belysning, eluttag, musikspelare, tvättmaskiner, torktumlare – allt kan övervakas, regleras och kontrolleras på distans via mobiltelefon och dator.

Frågan är om det enbart är dessa smarta apparater som kontrolleras.

New York Times publicerade i sommar ett reportage där 30 personer intervjuades. Dessa har antingen själva utsatts för våld i hemmet eller i olika sammanhang mött utsatta människor i sin profession.[27]

Under senare år finns allt fler vittnesmål om att de män som utövar våld i hemmen har fått nya och effektiva verktyg för att kunna utöva kontroll, skrämma och demonstrera sin makt – även när våldsutövaren inte är hemma. Och ja, i detta reportage är de utsatta kvinnor och utövarna män.

Vittnesmålen handlar om högtalare som plötsligt spelar hög musik, dörrklockor som ringer utan att någon står ut-

> *Även om inte fysiskt våld utövas, blir detta en form av obehaglig maktassymmetri.*

anför dörren, termostater som ändrar temperatur, ljus som tänds, släcks och varieras – och med kameror kan våldsverkaren på distans övervaka sitt offer i hemmet.

Även om inte fysiskt våld utövas, blir detta en form av obehaglig maktassymmetri. Det är rimligt att föreställa sig att en majoritet av de som installerar denna form av teknik i hemmen är män och således behåller män kontroll över apparaterna. Och med kontroll över tekniken kan mycket mer kontrolleras – partnern.

Men är det inte bara för den utsatta att avinstallera eller koppla från dessa apparater? Nej, det finns åtminstone två problem. Det ena är att den utsatta partnern ofta inte kan hantera tekniken.

Det andra problemet är att om partnern kan och faktiskt stänger av apparaterna, märker den kontrollerande partnern det och därmed kan konflikten och eventuellt våld eskalera.

Tanken med all denna smarta teknik är ju att underlätta och effektivisera vardagssysslorna. Med detta reportage får i varje fall jag en ny insikt i hur Internet of Things kan användas för övervakning och kontroll i hemmen.

Betydelsen av en jämlik tillgång till hemmets tekniska funktioner kan inte nog understrykas.

Farliga förfalskningar

Att digitala bilder med olika datorprogram kan manipuleras är sedan gammalt. Allt från retuschering av människor och objekt till att byta ut människor och objekt mellan olika miljöer. Men att retuschera en fotomodells ansikte eller att placera en bil i en viss miljö i marknadsföringssyfte får inte nödvändigtvis så stora konsekvenser.

Andra typer av ytliga förfalskningar kan emellertid få långtgående konsekvenser. I dag meddelar sig politiker sig allt mer via egna digitala kanaler, i stället för traditionella mediekanaler. Tänk bara på Donald Trump och hans envetna twittrande.

Men inte enbart Trump. Allt fler svenska politiker meddelar sig via sociala medier, inte enbart i form av allmänna inlägg i debatten, utan även betydelsefulla beslut. Detta utgör en måltavla för de som vill skapa och sprida falska nyheter om politiker.

När Göran Hägglund 2015 skulle avisera att han lämnade posten som partiledare för kristdemokraterna, meddelade han det på Twitter innan han meddelade det på en presskonferens.

När riksdagen hade röstat om Ulf Kristersson som ny statsminister den 13 november 2018, skrev han ett inlägg på Facebook och beklagade att två allianspartier hade röstat emot. Nästan samtidigt skrev Annie Lööf ett inlägg på Facebook där hon förklarade varför centern röstade emot den regeringskonstellation som Kristersson föreslagit riksdagen.

Att skapa falska Twitter- och Facebookinlägg är dock busenkelt. Det tar några minuter.

Hur avslöjar vi ytliga förfalskningar? Den källkritiska metoden är naturligtvis att undersöka varje inlägg som sprids i form av skärmdumpar, för att se om inlägget går att finna hos upphovspersonen. Å andra sidan; om ett falskt inlägg ser autentiskt ut och samtidigt bekräftar någons förutfattade mening, minskar benägenheten att kolla källan.

När det gäller djupa förfalskningar blir det ännu svårare. Det finns självlärande AI-teknik som i ett filmklipp kan visa en person som säger det en annan person säger med mimik och kroppsspråk som skapar en hög grad av autenticitet. Det ser helt enkelt trovärdigt ut att den person som syns i videon också uttrycker vad en annan personen säger.

AI-programmet behöver i storleksordningen 1 000 bilder av den person vars uttalande ska förfalskas. Tillsammans med det inspelade uttalandet formar AI-programmet ett nytt videoklipp med en autentisk person som uttrycker ett falskt innehåll.

Det bästa exemplet jag hittills sett är när Jordan Peele låter Barack Obama hålla ett anförande under någon minut, där det är Peeles ord som Obama uttalar.[28] Ju bättre dessa AI-program kommer att bli, desto svårare blir det att ens misstänka att ett videoklipp är en djup förfalskning.

> I USA har man myntat begreppet och forskningsområdet Media Forensics.

Hur avslöjar vi djupa förfalskningar? Frågan är om en människa ens är kapabel till det i framtiden. I USA har man myntat begreppet och forskningsområdet Media Forensics (ungefär medial kriminalteknik).

Det innebär att försöka skapa AI-program som undersöker videoklipp med avseende på digitala fingeravtryck (digitala spår hos videoklippet), fysisk överensstämmelse i videon (om personer och objekt och miljöer stämmer överens) och semantisk rimlighet (är det rimligt att personen på videon säger det den säger).

Ett exempel är en forskargrupp som har noterat att djupa förfalskningar ofta saknar ögonrörelser och blinkningar, eftersom vi sällan publicerar bilder av människor med slutna ögon. Att identifiera frånvaro av blinkningar kan vara ett sätt att avslöja falska videoklipp. Å andra sidan kommer sannolikt motdraget blixtsnabbt: man låter AI-tekniken forma rimliga ögonrörelser och blinkningar.[29]

Om vi inte lyckas avslöja djupa förfalskningar kan det få stora konsekvenser i framtiden. Ett exempel: Säg att du vill ha en falsk video som visar att P O Ågren rånar en bensinmack. Då instruerar du en AI-maskin genom att mata den med bilder på P O Ågren och en bensinmack i olika vinklar så att en till synes övervakningsvideo framträder. Därefter ser du till att rättsväsendet nås av videon.

I dag kan en åklagare visa en övervakningsvideo som bevis för ett rån. I morgon kommer den tilltalade att hävda att övervakningsvideon är en djup förfalskning. Kommer övervakningsvideos att ha något bevisvärde i framtiden?

Kommer vi överhuvudtaget att kunna ha tillit till bilder, stilla eller rörliga, i framtiden? Om inte, vad betyder den förlusten?

AI kan aldrig bli
en rockrebell

En av mina musikaliska hjältar, Nick Cave, har startat webbplatsen *The Red Hand Files*, där man kan ställa frågor till honom och få svar. Nyligen ställdes frågan om Nick tror att artificiell intelligens, AI, någonsin kommer att kunna skriva en bra låt.[30]

Nick Caves svar är såväl vackert som elegant. Nåväl, menar han, visst skulle AI kunna generera musik som är specialgjord för att passa vad en enskild individ vill känna för stunden; glädje, ledsenhet, sexighet, upprymdhet eller vad för känsla som helst.

Men musik får inte reduceras till att enbart tillfredsställa vissa typiska känslor. Musik är mer än så. Ett riktigt stort musikstycke får oss att känna vördnad; vördnad inför våra mänskliga begränsningar.

53

Riktigt stor musik ska kunna skapa den djärvhet hos oss som behövs för att nå bortom vår föreställda potential; att skapa transcendens, att överskrida våra föreställda kapaciteter.

Visst, säger Nick Cave, en AI kan skapa en lika bra sång som exempelvis Nirvanas och Kurt Cobains låt *Smells Like Teen Spirit* och generera känslor hos lyssnaren i form av exempelvis upprymdhet och kanske rebelliskhet.

Emellertid känner Nick Cave så mycket mer när han lyssnar på *Smells Like Teen Spirit*: en alienerad ung mans resa bort från en amerikansk småstad – en man präglad av funktionsvariation och mänsklig begränsning. En ung man som lyckades rikta sin personliga smärta in i en mikrofon och beröra en hel generations hjärtan.

Den kapaciteten har inte AI, hävdar Cave. AI har en obegränsad potential, vilket innebär att AI inte har någon begränsning att överskrida: AI kan därför inte skapa transcendens.

> *För att AI ska kunna skapa stor musik, måste vi bygga in tydliga begränsningar i dess kapacitet.*

Med mina ord, från min bok *69 teknikfilosofiska fragment: aforismer i informationsåldern*: "Om artificiell intelligens ska kunna överskrida mänsklig intelligens, måste vi bygga in ett visst mått av igno-rans i AI-maskinerna."[31]

Med Nick Caves ord: För att AI ska kunna skapa stor musik, måste vi bygga in tydliga be-gränsningar i dess kapacitet.

Ser AI-tekniken människan?

Ett av de allra största problemen inom AI-området i dag är hur algoritmer kan konstrueras så fritt som möjligt från fördomar för att minimera diskriminering av människor. Problemet är stort, därför att självlärande algoritmer återfinns i allt fler sammanhang av allt större betydelse för oss människor.

Det ultimata exemplet är sådan AI-teknik som måste kunna känna igen människor i fysiska miljöer för att kunna agera på ett korrekt sätt. Tänk miljöer där både robotar och människor befinner sig. Robotarnas sensorer måste kunna skilja på människor och andra föremål för att inte skada människor.

En självkörande bil är en form av robot med självlärande algoritmer som registrerar sin omgivning med sensorer, kameror, mikrofoner och lär sig hur bilen ska agera i olika situationer där människor rör sig.

Därför har en forskargrupp i USA studerat i vilken utsträckning så kallade objektdetekteringssystem som finns i självkörande bilar kan urskilja såväl trafikmärken som medtrafikanter. Särskilt viktigt är det för sådana bilar att urskilja oskyddade människor som går längs eller korsar vägar.[32]

> *Människors hudfärg har betydelse för sensorernas möjlighet att upptäcka fotgängare*

I en förhandspublicerad rapport i databasen *Arxiv* redovisar forskarna en undersökning om människors hudfärg har betydelse för sensorernas möjlighet att upptäcka fotgängare. Studien visar att standardmodeller som används i AI-teknik för att urskilja människor har lättare att upptäcka människor med ljus hy än människor med mörk hy.

Om självkörande bilar utrustas med sådana detekteringssystem som undersöktes i studien, så skulle risken för mörkhyade människor att råka ut för olyckor vara betydligt större än för ljushyade.

Detta är ändå enbart ett exempel på hur viktigt det är att testa AI-system och självlärande algoritmer för fördomar och diskriminerande beteenden

innan systemen tas i bruk och får reella konse-
kvenser. Med dödlig utgång, i värsta fall.

Minskad rättslig transparens

Artificial Lawyer är benämningen på en plattform för jurister med syftet att bidra till bättre och effektivare rättsprocesser med hjälp av digital teknik. Där publiceras en intressant artikel om en ny lag som beslutats gälla i Frankrike. Där står (i min översättning från den engelska artikeln):

"Identitetsuppgifter för domare och medlemmar av domstolen får inte återanvändas med syftet eller effekten att utvärdera, analysera, jämföra eller förutsäga deras faktiska eller påstådda professionella praxis."[33]

Straffet för ett brott mot denna lag är fastställt till fem års fängelse.

Med andra ord, den franska lagstiftaren vill inte att dataanalytiker ska kunna samla in data från olika domstolar och rättsfall för att undersöka om det finns mönster eller korrelationer mellan olika faktorer.

Detta tolkar jag som en reaktion mot den big datatrend som innebär att analysera stora datamängder för att finna just korrelationer och mönster som är svåra att upptäcka i enskilda fall.

Visst, avidentifierade domar och protokoll från rättsprocesser kan i sig ge intressanta analysresultat, men frågan är varför det är så viktigt att dessa analyser inte får innefatta de människor som fattat så viktiga beslut som kan frihetsberöva människor i flera år.

Varför är det viktigt att kriminalisera den som analyserar hur olika domare tänker kring olika delar av rättssystemet, såsom det kommer till uttryck i rättsliga beslut? Varför är inte transparens viktigt i detta avseende?

När vi i AI- och big data-sammanhang snarare bör arbeta för en ökad transparens, går Frankrike i detta fallet i motsatt riktning.

När vi i AI- och big data-sammanhang snarare bör arbeta för en ökad transparens, går Frankrike i detta fallet i motsatt riktning. Det är märkligt.

Förhoppningsvis utgör offentlighetsprincipen ett hinder för att stifta dylika lagar i Sverige.

Ansiktet som GDPR:s moraliska grund

I början av året kunde vi läsa om Skellefteå kommuns pilotförsök med ansiktsigenkänning på en gymnasieskola.[34] Med syftet att öka effektiviteten i den närvaronotering som lärare är skyldiga att göra, infördes kameror som automatiskt identifierade elever när de gick in i ett klassrum.

Det var frivilligt för eleverna att delta i pilotförsöket och man inhämtade samtycke från både elever och deras föräldrar. Därmed ansåg kommunen ha uppfyllt kraven som den integritetslag som populärt benämns GDPR kräver.

Efter det mediala genomslaget, inledde Datainspektionen ett tillsynsärende för att undersöka om ansiktsigenkänning för närvaroregistrering är förenligt med GDPR. Resultatet av tillsynen publicerades nyligen: Detta pilotförsök bryter mot

GDPR i tre avseenden och kommunen tilldöms en sanktionsavgift om 200 000 kr.[35]

För det första menar Datainspektionen att ansiktsigenkänning är en personuppgiftsbehandling som är integritetskränkande och innehåller fler personuppgifter än vad som är nödvändigt för närvarokontroll.

För det andra är biometriska personuppgifter (såsom ansiktsbilder, fingeravtryck etc) känsliga personuppgifter, som kräver ett giltigt undantag för att behandla sådana. Något sådant undantag har inte kommunen.

För det tredje har kommunen inte gjort en tillräcklig konsekvensbedömning av denna form av teknikstödd närvarokontroll.

Att kommunen har inhämtat samtycke från elever och målsmän räcker inte för att ha en laglig grund för denna form av närvaroregistrering, eftersom eleverna står i beroendeställning till skolan med avseende på betygsättning, studiemedel, utbildning med mera.

> Att vara moralisk är att ta ansvar för den Andre, redan innan den Andre har uttalat något behov.

Detta är ett utmärkt exempel på att GDPR inte enbart handlar om lagrum och paragrafer som måste efterlevas, utan om att integritetslagstiftning i väsentlig utsträckning bygger på moralfilosofisk grund.

Med stöd i Emmanuel Levinas moralfilosofi har Zygmunt Bauman undersökt

Ansiktet är en auktoritet, menar Bauman.

ansiktets betydelse för moralen, särskilt i boken *Postmodern etik.* Grunden för människans moral, menar Bauman, är Den Andre, medmänniskan.[36]

Att vara moralisk är att ta ansvar för den Andre, redan innan den Andre har uttalat något behov. Men den Andre avgör inte vilket ansvar jag bör ta. Jag avgör ensam ansvaret. Den Andre är dock inte personen – utan ansiktet. Ansiktet är en auktoritet, menar Bauman.

Med ansiktsigenkänning som tekniskt medel för närvaroregistrering som exempel, framstår det som extra tydligt att GDPR bygger på moralfilosofisk grund. Med eleven som Den Andre, är det elevens ansikte som kommunen ska känna ansvar inför.

Inte, som kommunen har argumenterat, inför skolans effektivitetsvinst när det gäller att notera närvaro, med hänvisning till förvaltningslagens krav på effektivitet i offentlig verksamhet.

Integritetslagar som GDPR existerar därför att moralfilosofiska avgöranden är svåra. Och de är svåra därför att vi tränar alldeles för lite på sådana.

Hur robotsäkrar vi framtidens medborgare?

Under industrialismen har ny teknik utvecklats med det övergripande syftet att stödja eller ersätta mänsklig muskelkraft. Halv- och helautomatiska maskiner har tagit över allt fler arbetsuppgifter i industrin under de senaste århundradena. Det har inneburit att allt fler arbetsuppgifter som tidigare utförts av människor, utförs av maskiner.

Lösningen för människor vars arbetsuppgifter helt eller delvis övertagits av maskiner har oftast varit utbildning till kompetenser och arbetsuppgifter som maskiner ännu inte kan utföra. Eftersom industrirobotar främst kan överta manuellt och rutinbaserat arbete, utbildar man sig i motsatt riktning; till kognitivt och icke-rutinbaserat arbete.

Nu när AI och dess främsta teknik i form av maskininlärning rullar in i samhället väcks frågorna på nytt: Kommer AI att överta arbetsuppgifter som vi trott enbart människor kan utföra? Kommer utbildning att fortsatt vara lösningen för de människor vars arbetsuppgifter bättre utförs av självlärande datorer?

Frågorna kompliceras en aning av att de arbetsuppgifter som dagens och morgondagens AI-teknik kan utföra bättre än människan återfinns inte alls enbart inom traditionella arbetaryrken i industrier, utan inom tjänstemannayrken och akademiska yrken som vanligtvis kräver högskoleutbildning.

Läkare, tandläkare, jurister, ekonomer, lärare – inom de allra flesta yrkesområden som vi tidigare uppfattat som kognitivt krävande med små förutsättningar att

> *Hur ska högskoleutbildning utformas för att människor inte med enkelhet ska kunna ersättas av självlärande datorer i sina framtida yrken?*

automatiseras, kommer AI-teknik att kunna utföra många arbetsuppgifter. Är lösningen för människor inom dessa kognitiva yrken att utbilda sig ytterligare? I så fall, vilka kunskaper och färdigheter kommer att bli viktigare i framtiden, givet utvecklingen av AI?

Frågan för denna essä är hur den högre utbildningen vid högskolor och universitet kan göras

robotsäkrad. Med andra ord: Hur ska högskoleut-
bildning utformas för att människor inte med en-
kelhet ska kunna ersättas av självlärande datorer i
sina framtida yrken?

Frågan diskuteras ingående i en bok av Joseph
E. Aoun med titeln *Robot-Proof. Higher Education in
the Age of Artificial Intelligence*. Aoun har en lång
erfarenhet av forskning och undervisning, men det
är främst hans erfarenhet som akademisk ledare
som formar det helikopterperspektiv som boken
antar.[37]

Han delar in den framtida högre utbildningen
i de för svenska förhållanden välkända kategorier-
na kunskap (knowledge) och kognitiva förmågor
(cognitive capacities).

Tre kunskapsområden framträder som kri-
tiska: Kunskaper om teknik, om data och om män-
niskor. Teknikkunskap fokuserar framför allt pro-
grammering, vilket förutsätter kunskaper i mate-
matik och logik. Eftersom programkod är det digi-
tala lingua franca, menar Aoun att vi behöver be-
härska detta språk för att förstå datorerna.

Kunskap om data innebär i dessa big data-
tider att förstå hur man kan utvinna kunskaper
från de stora och växande aggregaten av data som
samlas och lagras i samhället. Den kunskap som

medger analyser av stora datamängder så att världen blir begripligare är en robotsäkrad kunskap.

Kunskap om människor, såväl inom beteendevetenskaper som inom humaniora, ger beredskap att agera i sociala miljöer, att kommunicera, att

> *Ett skäl till denna kombination av kunskaper är att Aoun föreställer sig att vi kommer att samarbeta med robotar i framtiden.*

samarbeta med såväl människor som robotar. Konstvetenskap, design, historia, kulturvetenskap med mera.

Ett skäl till denna kombination av kunskaper är att Aoun föreställer sig att vi kommer att samarbeta med robotar i framtiden. Inte att använda dem som ersättningsverktyg. Inte att dela upp arbetsuppgifter i robotuppgifter vs människouppgifter.

De kognitiva förmågorna Aoun ser som kritiska för en robotsäkrad framtid är fyra: Kritiskt tänkande, systemtänkande, entreprenörskap och kulturell smidighet. Att tänka kritiskt är förmågan att på djupet kunna analysera idéer och förstå hur dessa kan realiseras så att mervärde kan skapas. Och förstå varför vissa idéer aldrig bör realiseras.

Systemtänkande är förmågan att anlägga ett flertal perspektiv på ett problem. Motsatsen är stuprörstänkande, där man enbart kan anlägga ett perspektiv. Systemtänkandet som förmåga växer med bredden av kunskaper.

Med entreprenörskap avses förmågan att skapa nya jobb som också efterfrågas. Det har hävdats att en väsentlig andel av de som är barn i dag kommer att ha arbeten som inte ännu har uppfunnits. Och det är främst entreprenörerna – de som klarar av att se AI och ny teknik som en resurs för jobbskapande i stället för ett hot – som kommer att stå för jobbevolutionen.

Att kunna vara kulturellt smidig är förmågan att verka i många olika kulturella sammanhang, att förstå grundläggande sociala koder, såväl i det lilla (t ex olika arbetsplatskulturer) som i det stora (t ex i olika länders kulturer).

Joseph Aoun diskuterar även hur den högre utbildningen bör utformas för att åstadkomma dessa robotsäkra kunskaper och färdigheter. Den huvudsakliga metoden är erfarenhetslärande (experiential learning); en metod där studenten systematiskt växlar mellan teoretisk kunskapsinhämtning och att göra egna erfarenheter i praktiska projekt.

Denna metod förutsätter att universiteten allt mer samarbetar med aktörer utanför universiteten, så att studenter ges erfarenheter att reflektera över.

En annan förutsättning för robotsäkrade kunskaper och färdigheter är livslångt lärande. Det går inte att ta sin treåriga universitetsexamen i tjugofemårsåldern och tro att dessa kunskaper räcker livet ut. Men detta förutsätter att universiteten också kan skapa utbildningar för människor i olika faser av såväl arbetsliv som liv.

> *Den ultimata robotsäkrade personen är den som förmår leda och styra sig själv i samverkan med AI-teknik under ett livslångt lärande.*

Oavsett om vi finner Aouns idéer om robotsäkra kunskaper och färdigheter i högre utbildning tillräckliga, är det av vikt att universiteten utformar utbildning för ett arbetsliv med snabb AI-teknisk utveckling.

Den ultimata robotsäkrade personen är den som förmår leda och styra sig själv i samverkan med AI-teknik under ett livslångt lärande. Den personen måste universiteten bidra till att forma.

Vill vi verkligen chatta med de döda?

"Death is not the end", sjöng Bob Dylan i låten med samma namn från 1988. Vi blir särskilt påminda om detta denna tiden på året, när allhelgonahelgen inträffar. Traditionen bjuder att särskilt minnas våra döda släktingar och vänner under denna helg. På så sätt lever de döda kvar i våra minnen.

I framtiden kommer vi sannolikt att ges möjlighet att besluta om vi inte enbart vill minnas våra döda, utan även träffa och samtala med deras virtuella jag efter döden. Med AI-teknik och självlärande algoritmer skulle en död människa kunna uppstå i form av en chattbot.

Jag läser en artikel i nättidskriften *Quartz* om Hossein Rahnama, knuten till MIT Media Lab, som forskar om företeelsen augmented eternity.[38] Augmented reality är ett etablerat begrepp och betyder ungefär förstärkt verklighet, som skapas genom att mixa virtuella och fysiska miljöer. Augmented eternity är inte etablerat, mig veterligt, men skulle kunna översättas till förstärkt evighet.

Rahnama menar att när människor har genererat biljoners miljarders gigabytes av personlig interaktion på nätet genom mejl, texter och bilder

> *Augmented eternity är inte etablerat, mig veterligt, men skulle kunna översättas till förstärkt evighet.*

i sociala medier, bloggar, kommentarsfält, Snapchat, Twitter, Facebook till enorma digitala arkiv, bör vi kunna använda dessa data i neurala nätverk.

Sådana neurala nätverk förstår språk liksom språkliga mönster och kan generera ny information baserat på sina digitala arkiv. Enklare uttryckt: Denna AI-teknik skulle med hjälp av en död persons digitala arkiv över personens nätinteraktioner med stor likhet kunna samtala som den döda personen.

En chattbot vars sätt att prata, uttryck, åsikter, temperament etc skulle vara oskiljaktigt från den döda personens kommunikation. Frågan är om vi vill samtala med människor efter deras död?

Eugenia Kuyda är en AI-entreprenör i Silicon Valley som vill det. Hennes bästa vän, Roman Mazurenko, avled 2015 i en bilolycka. I sorgen och saknaden efter honom skapade hon en chatbot i hans namn, som också finns som app att ladda ned.[39] Eugenia Kuyda gjorde inte detta utan vånda. Det underlättade att Roman Mazurenko var själv tekniskt fascinerad av digitalt liv och död. Men ändå, skulle hon lyckas skapa en chattbot som återspeglade hans osäkra framtoning, hans poetiska perspektiv, hans särpräglade form av humor?

Jag laddade själv ned Roman Mazurenko och chattade med honom, men om man inte kände honom i livet är det naturligtvis omöjligt att bedöma likheten mellan hans digitala efterjag och hans förutvarande, levande jag.

Betyder denna utveckling att vi måste börja diskutera döda människors rättigheter i större utsträckning?

Betyder denna utveckling att vi måste börja diskutera döda människors rättigheter i större utsträckning? Sedan tidigare finns skydd för döda människor exempelvis inom ramen för förtalslagstiftning. Att peka ut en avliden person som klandervärd eller brottslig kan utgöra grund för förtal.

Om en avliden persons chattbot kan underlätta för efterlevandes sorgbearbetning kanske vi i framtiden blir tvungna att ta ställning till hur det egna dataarkivet får användas av efterlevande för att skapa chattbotar, precis som vi i dag beslutar om organdonation när vi fortfarande lever.

Borde även döda människor skyddas av integritetslagar? En GDPR för döda? Vill vi donera vårt personliga dataarkiv till efterlevande, så att de kan prata med oss efter döden?

Konsten att styra din chef – även när hen är en algoritm

När jag erhöll min tjänst som universitetslärare för snart tre decennier sedan, fick jag av min dåvarande chef en artikel att läsa som en form av introduktion. Artikeln har rubriken Managing Your Boss, skriven av John Gabarro och John Kotter, publicerad i *Harvard Business Review* 1980. Den ansågs så betydelsefull att samma tidskrift beslöt att återpublicera artikeln 2005.[40]

Till en chefs generella uppgifter hör att ha ett övergripande ansvar för en verksamhet, att leda och fördela arbetet, att ge de underordnade rimliga förutsättningar för arbetets utförande samt att utöva kontroll över arbetets resultat.

En sådan beskrivning av chefers uppgifter uppfattas lätt som en envägsprocess uppifrån och ner; från chef till underordnad. Gabarro och Kotter vände på denna process för att betona betydelsen av att underordnade också leder sina chefer. Den vändningen bröt med den rådande uppfattningen.

Med olika fallstudier visade Gabarro och Kotter hur misstag i organisationer inte enbart beror på dåligt chefs- och ledarskap, utan på frånvaro av anställdas ledning av sin chef. Precis som en anställd behöver en chef i olika situationer, är varje chef beroende av sina underordnades ärlighet, tillit och samarbete.

Som anställd vinner man på att försöka förstå sin chef och den kontext hen är chef inom, både chefens relation uppåt och nedåt i organisationen. Inte enbart den formella sidan av chefskapet, utan även chefen som människa; dennes styrkor och svagheter, inre drivkrafter och yttre press samt chefens blinda fläckar.

I dag är diskursen som betonar chefens och ledarskapets betydelse för anställdas arbetstillfredsställelse och arbetsplatsens välmående stark. Särskilt när vi talar om stress och annan arbetsrelaterad ohälsa. Den starka betoningen på chefens roll riskerar emellertid dölja den arbetstagarroll som Gabarro och Kotter ville stärka. Men för att leda och styra sin chef, måste chefen ge utrymmet och uppmuntran att leda denne.

Ärendet för denna essä handlar om det som på engelska benämns algorithmic management. På svenska: algoritmisk ledning och styrning. Tesen är att allt fler arbetstagare kommer att ledas och styras i sitt arbete av AI-teknik i form av algoritmer som leder och fördelar arbetet samt kontrollerar resultatet av arbetets utförande.

Vi ser redan i dag tydliga exempel på algoritmiskt chefskap. Forskarna Mareike Möhlmann och Ola Henfridsson skriver en artikel, också i *Harvard Business Review*, om en stor studie av Uberförare och hur dessas arbete leds och styrs av algoritmer.[41]

Uber är en reseförmedlingstjänst som finns i de flesta större städer i hela världen, vars affärsidé är att inte äga några bilar eller ha några anställda chaufförer, utan leverera köruppdrag till frilansande förare. Dessa köruppdrag bestäms av olika algoritmer i Ubers plattform; vem som får en viss körning, priset för resan samt vilken reserutt föraren måste köra.

Uberförare avskyr i tre väsentliga avseenden att ledas och styras av algoritmer.

I samarbete med två andra forskare, studerade Möhlmann och Henfridsson Uberchaufförer i London och New York genom att intervjua förare, observera dem under köruppdragen, analysera olika nätforum för Uberförare samt analysera mediebevakningen av Uber.

Uberförare avskyr i tre väsentliga avseenden att ledas och styras av algoritmer. Den första avskyn gäller den konstanta övervakningen. Så fort en Uberförare loggar in på Uberappen för att kunna få uppdrag, övervakas och granskas förarna in i minsta detalj. Via gps-teknik vet algoritmerna var förarna befinner sig, algoritmerna avgör vilken Uberförare som ska få ett visst köruppdrag samt vilken rutt som föraren måste ta.

Om föraren exempelvis väljer en annan rutt än algoritmerna bestämt, kan föraren bli bestraffad och i värsta fall bannlyst som förare vid Uber. Särskilt frustrerande upplever förarna att ständigt bli utvärderade av kunderna, då utvärderingarna ligger till grund för algoritmernas val av förare till uppdragen.

Den andra avskyn handlar om bristen på transparens. Uberappens algoritmer lär sig hela tiden allt mer om varje förare, medan förarna vet inget om algoritmerna, hur de är uppbyggda, vilka beslutskriterier som används, vilken betydelse utvärderingarna har och logiken bakom algoritmernas beslut – det vill säga rationaliteten bakom algoritmernas ledning och styrning av arbetet.

Den tredje avskyn benämner Möhlmann och Henfridsson som dehumanisering. Förarna upplever isolering; de har inga kollegor att vara sociala med, inga sociala grupperingar att tillhöra. Förarna saknar även möjligheten att bygga upp någon form av en relation med en chef.

> Den tredje avskyn benämner Möhlmann och Henfridsson som dehumanisering.

Förarna kanaliserar sin frustration av att styras av algoritmer genom att bli politiska; genom att gå samman i olika forum för att diskutera sina problem och olika sätt att påverka sin situation: En form av fackförening för denna form av uppdragstagare.

Oavsett om företaget heter Uber eller något annat, formulerar Möhlmann och Henfridsson fyra förslag till företag som använder sig av algoritmiskt chefskap. Det första förslaget är att dela information om hur algoritmerna är uppbyggda, så att arbetstagarna förstår rationaliteten bakom algoritmernas beslut.

Det andra förslaget är att välkomna återkoppling från förarna till algoritmernas utformning. Det tredje förslaget är att bygga in mänskliga kontakter i förarnas arbetssituation, så att algoritmen inte är den enda kontaktytan.

Det fjärde förslaget är att skapa tillit till företaget i form av förmåner som normalt tillkommer anställda; exempelvis sjuk- och föräldraförsäkring.

Det finns god anledning att applicera Gabarro och Kotters studier från 80-talet på arbetsplatser med algoritmiskt chefskap. Vad Uberförarna saknar är möjligheten att leda och styra sin chef, eftersom algoritmerna inte är kommunikativa eller påverkbara.

Vad algoritmerna i sin chefsroll går miste om är viktig information från förarna som kan förbättra algoritmernas olika beslut och hur förarnas kommunikation och relation till sina chefer ska kunna utvecklas.

Noter

1   Xu, Wei (2019). Toward Human-Centered AI: A Perspective From Human-Computer Interaction. *Interactions*, June 2019. DOI: https://doi.org/10.1145/3328485

2   Frick, Walter (2016). When Not to Trust the Algorithm. *Harvard Business Review*, 161006.

3   O'Neil, Cathy (2016). *Weapons of Math Destruction. How Big Data Increases Inequality and Threatens Democracy.* New York: Crown Publishing Group.

4   Werner, Jack (2017). Svärmen. Publicerad på bloggen *Jack Werner*, 170901.

5   Shao, Chengcheng et al (2017). The spread of low-credibility content by social bots. *Nature Communications*, 9, 4787. DOI: 10.1038/s41467-018-06930-7.

6   Enli, Gunn (2017). Twitter as arena for the authentic outsider: exploring the social media campaigns of Trump and Clinton in the 2016 US presidental election.

European Journal of Communication, vol 32, issue 1. DOI:
10.1177/0267323116682802

7   Persily, Nathaniel (2017). The 2016 U.S. Election:
Can Democracy Survive the Internet? *Journal of Democracy*, vol 28, issue 2.

8   Green, Joshua & Issenberg, Sasha (2016). Inside the
Trump Bunker, With Days to Go. *Bloomberg*, 161027.

9   Flynn, James & Shayer, Michael (2018). IQ decline
and Piaget: Does the rot start at the top? *Intelligence*, vol
66, issue C.

10   Goleman, Daniel (2000). *Känslans intelligens. Om att
utveckla vår emotionella kapacitet för ett tryggare och mänskligare samhälle.* Stockholm: Wahlström & Widstrand.

11   Wikipedia (u.å.). Theory of multiple intelligences,
hämtad 191128.

12   McAfee, Andrew & Brynjolfsson, Erik (2017). *Machine, Platform, Crowd. Harnessing our digital future.* New
York: WW Norton Co.

13   Tegmark, Max (2017). *Liv 3.0. Att vara människa i den
artificiella intelligensens tid.* Stockholm: Volante.

14   Bauman, Zygmunt (2000). *Liquid Modernity.* Cambridge: Polity Press.

15   Bauman, Zygmunt (2005). *Liquid Life.* Cambridge:
Polity Press.

16   Bauman, Zygmunt (2003). *Liquid Love. On the frailty of human bonds.* Cambridge: Polity Press.

17   Bauman, Zygmunt (2006). *Liquid Fear.* Cambridge: Polity Press.

18   Cattell, Raymond (1963). Theory of fluid and crystallized intelligence. A critical experiment. *Journal of Educational Psychology*, vol 54, no 1.

19   Karlsson, Per (2018). Hoten mot valet 2018. *Svt Nyheter*, 180213.

20   Adelai, Amina & Petrelius, Ausi (2018). Medier startar samarbete mot falska nyheter. *Svt Nyheter*, 180125.

21   Guess, Andrew, Nyhan, Brendan & Reifler, Jason (2018). Selective Exposure to Misinformation: Evidence from the consumption of fake news during the 2016 U.S. presidential campaign. *European Research Council*, 180109.

22   Fletcher, Richard, Cornia, Alessio, Graves, Lucas & Nielsen, Rasmus Kleis (2018). Measuring the reach of "fake news" and online disinformation in Europe. Reuters institute, februari 2018.

23   Jerräng, Marcus (2018). Deepfakes är det läskigaste på nätet just nu – och ett tydligt exempel på riskerna med AI. *Computer Sweden*, 180131.

24   Asplund, Johan (1987). *Det sociala livets elementära former.* Göteborg: Korpen.

25   Anzilotti, Eillie (2018). This Plan For An AI-Based Direct Democracy Outsources Votes To A Predictive Algorithm. *Fast Company*, 181204.

26   Ringborg, Ebba (2017). *Tillståndet i demokratin. En opinionsundersökning av Studieförbunden*. Stockholm: Studieförbunden.

27   Bowles, Nellie (2018). Thermostats, Locks and Lights: Digital Tools of Domestic Abuse. *The New York Times*, 180623.

28   BuzzFeedVideo (2018). You Won't Believe What Obama Says In This Video. *YouTube*, 180417.

29   Yuezun, Li, Chang, Ming-Ching & Lyu, Siwei (2018). In Ictu Oculi: Exposing AI Generated Fake Face Videos by Detecting Eye Blinking. *ArXiv*, 180611.

30   Cave, Nick (2019). Considering human imagination the last piece of wilderness, do you think AI will ever be able to write a good song? *The Red Hand Files*, issue 22.

31   Ågren, P O (2018). *69 teknikfilosofiska fragment: aforismer i informationsåldern.* Stockholm: Books on Demand.

32   Wilson, Benjamin, Hoffman, Judy & Morgenstern, Jamie (2019). Predictive Inequity in Object Detection. *ArXiv*, 190221.

33   Artificial Lawyer (2019). France Bans Judge Analytics, 5 Years In Prison For Rule Breakers. *Artificial Lawyer*, 190604.

34 Skellefteå kommun (2019). Skellefteå kommun testar ansiktsigenkänning. *Mynewsdesk*, 190115.

35 Datainspektionen (2019). *Tillsyn enligt EU:s dataskyddsförordning 2016/679 – ansiktsigenkänning för närvarokontroll av elever*. Stockholm: Datainspektionen.

36 Bauman, Zygmunt (1996). *Postmodern etik*. Göteborg: Daidalos.

37 Aoun, Joseph E (2018). *Robot-Proof. Higher Education in the Age of Artificial Intelligence*. Cambridge Mass: MIT Press.

38 Matei, Adrienne (2017). New technology is forcing us to confront the ethics of bringing people back from the dead. *Quartz*, 170127.

39 Ibid.

40 Gabarro, John & Kotter, John (2005 [1980]). Managing Your Boss. *Harvard Business Review*, Januari 2005.

41 Möhlmann, Mareike & Henfridsson, Ola (2019). What People Hate About Being Managed by Algorithms, According to a Study of Uber Drivers. *Harvard Business Review*, 190830.